Collection de feu M. de Meynard

BELLES AQUARELLES

L'ÉCOLE MODERNE

TABLEAUX — OBJETS D'ART

CATALOGUE

DE

BELLES AQUARELLES

DE L'ÉCOLE MODERNE

Parmi lesquelles trente-deux par Eug. LAMI

Formant une illustration inédite des œuvres de Molière,

Cinq du même artiste formant une illustration inédite de Marion Delorme, par Victor Hugo

ET AUTRES PAR

ED. DE BEAUMONT, JACQUET, EUGÈNE ISABEY
ANDRIEUX, ETC.

TABLEAUX

ANCIENS ET MODERNES

OBJETS D'ART

PORCELAINES

Le tout composant la Collection de feu M. de Meynard

DONT LA VENTE AURA LIEU

HOTEL DROUOT, SALLE N° 3

Le Mercredi 10 février, 1886

À trois heures 1/2

COMMISSAIRE-PRISEUR

Mᶜ Paul CHEVALLIER, 10, rue de la Grange-Batelière

EXPERTS

Pour les peintures :	Pour les objets d'art :
M. E. FÉRAL, Peintre	M. Charles MANNHEIM
54, Faubourg-Montmartre, 54	7, rue Saint-Georges, 7.

Chez lesquels se trouve le présent Catalogue.

EXPOSITIONS

Particulière : Le Mardi 9 Février 1886.
De une heure à cinq heures.

Publique : Le Mercredi 10 Février 1886, jour de la vente,
De une heure à trois heures 1/2

CONDITIONS DE LA VENTE

La vente sera faite au comptant.

Les acquéreurs payeront cinq pour cent en sus des en-
chères.

L'exposition mettant le public à même de se rendre
compte de l'état des objets, il ne sera admis aucune récla-
mat'on une fois l'adjudication prononcée.

Paris. — Typ. Pillet et Dumoulin, 5, rue des Grands-Augustins.

AQUARELLES

DÉSIGNATION

ANDRIEUX

1 — *Les Coulisses à l'Opéra.*

Aquarelle.

Haut., 14 cent.; larg., 10 cent.

BEAUMONT (ÉDOUARD)

2 — *La jeune Musicienne.*

Aquarelle.

Haut.; 3o cent.; larg., 41 cent.

BEAUMONT (Éd.)

3 — *Une Rencontre, au bal de l'Opéra.*

Aquarelle.

Haut., 20 cent.; larg., 15 cent.

JACQUET (G.)

4 — *Pages et jeunes filles.*

Six aquarelles, dans le même cadre, mesurant chacune :

Haut., 33 cent.; larg., 23 cent.

ISABEY (Eugène)

5 — *L'Amateur d'objets d'art.*

Aquarelle.

Haut., 16 cent.; larg., 11 cent.

LAMI (Eugène)

6 — *Trente-deux aquarelles pour une illustra-*
tion inédite des œuvres de Molière :

20000
————
14200

    1 — Les Précieuses ridicules.

    2 — L'Étourdi.

    3 — Le Dépit amoureux.

    4 — Sganarelle, ou le Cocu imaginaire.

    5 — Don Garcie de Navarre.

    6 — L'École des maris.

    7 — L'École des femmes.

    8 — Les Fâcheux.

    9 — La Critique de l'École des femmes.

    10 — L'Impromptu de Versailles.

    11 — Le Mariage forcé.

    12 — La princesse d'Élide.

    13 — Tartuffe.

    14 — Don Juan.

    15 — L'Amour médecin.

    16 — Le Misanthrope.

    17 — Le Médecin malgré lui.

    18 — Mélicerte.

    19 — Le Sicilien ou l'Amour peintre.

*

20 — Amphytrion.

21 — Georges Dandin.

22 — L'Avare.

23 — Monsieur de Pourceaugnac.

24 — Les Amants magnifiques.

25 — Le Bourgeois gentilhomme.

26 — Psyché.

27 — Les Femmes savantes.

28 — La Nymphe de Vaux.

29 — La Comtesse d'Escarbagnas.

30 — Les Fourberies de Scapin.

31 — L'île enchantée.

32 — Le Malade imaginaire.

Chaque aquarelle mesure :

Haut., 19 cent.; larg., 14 cent.

LAMI (Eugène)

7 — *Cinq aquarelles pour une* illustration iné-dite *de Marion Delorme, de Victor Hugo.*

Chaque aquarelle mesure :

Haut., 12 cent.; larg., 10 cent.

LAMI (Eugène)

8 — *Actéon changé en cerf.*

Aquarelle.

Haut., 23 cent.; larg., 4[3] cent.

LAMI (Eugène)

9 — *Madame de Sotenville (George Dandin).*
Molière.

Aquarelle.

Haut., 17 cent.; larg., 23 cent.

LAMI (Eugène)

10 — *Manon Lescaut en prison.*

Aquarelle.

Haut., 16 cent.; larg , 14 cent.

LAMI (Eugène)

11 — *Le Baiser.*

Confession d'un enfant du siècle, de Musset.
Aquarelle.

Haut., 11 cent.; larg., 10 cent.

LAMI (Eugène)

12 — *Amy Robsart et Leicester.*
Kenilworth   (Walter Scott).

Aquarelle ovale.

Haut., 5 cent.; larg., 7 ce.t.

LAMI (Eugène)

13 — *La Promenade dans le parc.*

Lavis d'outre-mer, pour un éventail.

Haut., 08 cent.; larg., 03 cent.

LAMI (Eugène)

14 — *Ciel et terre Dalté,*
    Nous sommes trois! dit-il.   (Porcia).
    Aquarelle.

        Haut., 10 cent.; larg., 15 cent.

ÉCOLE FRANÇAISE

15 — *L'Amour et Psyché.*
    Crayon noir.

        Haut., 8 cent.; larg., 6 cent.

TABLEAUX
ANCIENS ET MODERNES

CUYLENBURG

16 — *Baigneuses dans une grotte*

Bois. Haut., 38 cent.; larg., 33 cent.

GREUZE (J.-B.)

17 — *Portrait de M. Ledoux jeune. (en buste).*

Costume du Directoire. Habit et gilet jaune, cravate blanche.
Jolie esquisse.

Toile. Haut., 45 cent.; larg., 38 cent.

LAIRESSE (GÉRARD)

18 — *Rébecca à la fontaine.*

Gracieuse et importante composition.

Bois. Haut., 5o cent., larg. 64 cent.

NOEL (JULES)

19 — *Marine, sur les côtes normandes.*

Toile. Haut., 32 cent.; larg., 45 cent.

VINCKEBOONS

20 — *Entrée de village.*

Au premier plan, deux cavaliers demandent leur chemin à des villageois qui sont devant leur demeure.

Toile. Haut., 1 m. 10 cent.; larg., 1 m. 60 cent.

ÉCOLE HOLLANDAISE

21 — *Portrait d'enfant.*

Bois. Haut., 48 cent.; larg., 36 cent.

ÉCOLE VÉNITIENNE

22 — *Portrait de femme.*

Toile. Haut., 1 m. 10 cent.; larg., 92 cent.

ÉCOLE ITALIENNE

23 — *Livres, flambeau et objets divers, posés sur une table.*

Toile. Haut., 45 cent.; larg., 55 cent.

ÉCOLE MODERNE

24 — *Paysage.*

Effet du matin.
Signé Corot.

Toile. Haut., 28 cent. larg., 44 cent.

25 — *Sous ce numéro seront vendus les objets non catalogués.*

OBJETS D'ART

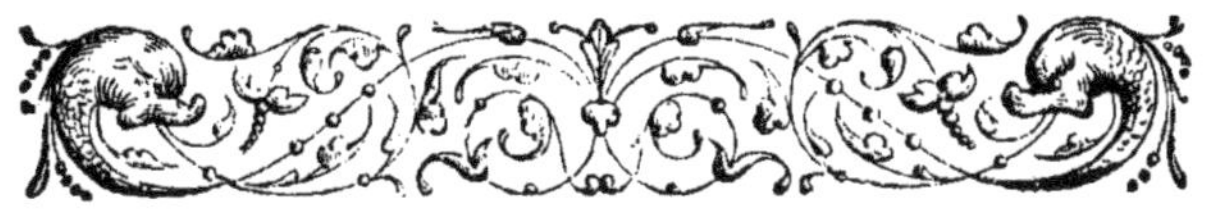

DÉSIGNATION

ORFÈVRERIE

26 — Tasse, soucoupe et cuiller en argent doré en
partie, décorés de rinceaux et de festons de fleurs
réservés.

27 — Plateau porte-œufs, acompagné de cinq coque-
tiers et de cinq cuillers, le tout en argent uni.

28 — Déjeuner solitaire en argent, composé d'un plateau oblong à angles arrondis, d'une tasse avec
soucoupe, d'une cafetière, d'un pot à crème et de
deux salières coquilles avec cuillers.

29 — Ménagère en cristal et argent, composée d'un
plateau ovale, de deux burettes forme chope,
d'une salière et d'un moutardier.

3o — Petite cafetière du temps de Louis XV, en argent, de forme surbaissée, à côtes en spirale, et
écusson rocaille et feuillages.

3ı — Gobelet décoré d'ornements en argent, gravé et
découpé à fleurs et ornements, placés entre deux
parties de verre.

32 — Gobelet du temps de Louis XV, en argent
gravé, à fleurs et ornements. Le pied est orné
d'oves.

33 — Quatre cocottes à œufs en argent.

34 — Bougeoir en argent en forme de feuille.

PORCELAINES

35 — Deux petits pots cylindriques à couvercle, en
ancienne porcelaine de Sèvres, pâte tendre, décorés
de jetées de fleurs.

36 — Petite tasse cylindrique avec couvercle, en porcelaine dure, dite *à la Reine*, décorée de bandes
violettes et de feuillages dorés.

37 — Cabaret solitaire, en ancienne porcelaine de
Tournay, décoré de groupes d'oiseaux dans des
paysages. Il se compose d'un plateau ovale, d'une
théière et d'une tasse avec soucoupe.

38 — Seau conique en ancienne porcelaine de Hœ-

chst, décoré de larges bouquets de fleurs poly-
chromes.

39 — Petite chope en grès émaillé gris et bleu, mon-
tée en argent.

40 — Douze assiettes à décor émaillé, dit aux coqs,
sur fond carmin.

41 — Tasse et soucoupe en porcelaine anglaise, décorée
de rosaces émaillées blanc sur blanc, et rehaussée
d'un riche décor d'or en relief.

42 — Plateau en forme d'éventail, de même porcelaine et de décor analogue.

43 — Tasse et soucoupe avec cuiller, émaillées à fond
bleu, et médaillons de fleurs. Montures en ver-
meil.

44 — Un petit vase ovoïde en porcelaine de Chine,
monté en bronze et disposé pour le gaz.

45 — Petite coupe en faïence de Castelli, décorée de
figures champêtres.

46 — Deux plats ronds en ancienne porcelaine du
Japon, à décor en bleu, rouge et or.

OBJETS DIVERS

47 — Epingle formée d'une intaille sur sardoine orientale, représentant une tête d'homme de profil à gauche, et entourée d'un rang de roses.

48 — Petit christ en buis délicatement travaillé, appliqué sur une croix en bois noir. xviii° siècle.

49 — Statuette de sainte femme debout, en bois sculpté. Travail flamand du xv° siècle.

50 — Lot de bois sculpté, appliques, montants, panneaux, etc.

51 — Deux miroirs ovales avec cadres en bois sculpté, composés de cariatides, de sirènes et de mascarons. xvii° siècle.

52 — Ecuelle Louis XV, en étain.

53 — Encrier en marqueterie d'écaille et cuivre, garni d'ornements en bronze.

54 — Ecran en pierre schisteuse à héron, et arbuste sculptés en relief, sur fond brun, monture en bois sculpté. Travail chinois.

55 — Lot de cannes diverses.

BRONZES

56 — Petite pendule Louis XVI, en bronze, à colon-
nette, supportant un mouvement de montre et
attributs de jardinage.

57 — Deux petits candélabres à deux lumières, en
bronze doré, ornés de festons de lauriers.

58 — Deux cornets à panse renflée, en émail cloi-
sonné de la Chine, à fleurs sur fond bleu tur-
quoise.

59 — Deux flambeaux Louis XVI, en cuivre, mo-
dèle à cannelures, perles et feuilles.

60 — Petite pendule de voyage, à cage en cuivre doré,
de Paul Garnier.

MEUBLES

61 — Console-applique du temps de Louis XV, en
bois sculpté et doré, composée d'enroulements,
d'un groupe de deux colombes, de festons de fleurs
et de feuillages. Dessus de marbre blanc.

62 — Fauteuil du temps de Louis XV, en bois sculpté
et doré, couvert de tapisserie à fleurs et oiseaux.

63 — Deux bois de sièges provenant de la même suite
que le siège qui précède.

64 — Table de style Louis XIII en marqueterie de
bois et encadrements enrichis d'ivoire.

65 — Cadre ovale en bois sculpté et doré du temps de
Louis XIV.

ÉTOFFES

66 — Tapis de table en soie ponceau brodé en fin, à
branches de fleurs en relief. Travail oriental.

67 — Deux morceaux d'étoffe de soie à fond rose et
festons de fleurs sur blanc du temps de Louis XV.

68 — Costume Louis XVI en étoffe de soie à fond
gris, dessin ton sur ton. Il se compose de l'habit,
de la culotte et de la veste.

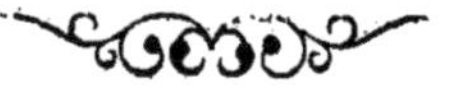

9 782329 536644